MW00440971

Para Daisy: Gracias por pedirme este libro.

Para Jan: Gracias por tu apoyo. Gracias por estar.

ESCRITURA CREATIVA

Un manual práctico

GUADALUPE AVALOS

NORDLYS
PUBLICACIONES

ÍNDICE

PRIMERA PARTE

1. Introducción
1.1 ¿Por qué escribir?

Se han escrito muchas palabras muy elocuentes acerca de la labor del escritor: desde los que sugieren que se nace con un "llamado" para escribir, hasta el otro extremo, como los que señalan que el quehacer del escritor es una profesión como cualquier otra, que se aprende y se ejecuta, cuyo propósito final es la comercialización.

Lo cierto es que sobran las razones para escribir, y no existen razones correctas o erróneas.

Escribo porque:
Quiero ganar dinero.
Ya tengo mucho dinero.
Quiero agradar a mi padre.
Quiero hacer enojar a mi padre.
Quiero la admiración de los demás.
Porque no me importa la opinión de los demás.

Escribo porque tengo mucho que decir.
Escribo porque no tengo nada que decir.
Escribo porque necesito sanar.
Escribo porque quiero ayudar a los demás a sanar.

Escribir puede tener un efecto terapéutico, aunque no se escribe para hacer psicoterapia. El escribir nos lleva hacia un viaje a nuestro interior: Descubrimos que comemos chocolate por falta de cariño, o hacemos compras impulsivas por nuestra baja autoestima.

Muchos escritores usan episodios dolorosos para escribir sus novelas, ¿y quién entiende esa experiencia mejor que alguien que la ha vivido en carne propia? La muerte de un un ser querido, la lucha contra una adicción, la pérdida de la salud, todos estos son elementos que se han usado para tomar nota y producir una bella historia. El acto de escribir hace de nuestra rabia, nuestro sufrimiento y nuestras luchas un jardín de flores, algo bello que usa al sufrimiento como materia prima.

Y muchos otros escritores no hacen nada de eso, simplemente cuentan las historias de los demás, o investigan un tema y lo dan a conocer por medio de su libro. Algunos escritores ponen mucho de si en su obra, y otros casi nada. Lo cierto es que tarde o temprano, todos los escritores terminan poniendo algo de si. Cada quien tiene sus motivos y sus maneras de escribir. Eso es precisamente lo que hace de la escritura como labor creativa algo interesante y bello: Se acopla y adapta a cada quién. La escritura es única. Es personal.

1.2 Cómo empezar

Todos hemos visto en películas o series algún actor, que interpreta a un escritor, que se sienta enfrente de la máquina de escribir y se queda viendo la página en blanco un buen rato. De repente se le ocurre una idea, y por supuesto, escena siguiente, ¡tenemos un best seller!

Mas lejos de la realidad no podría ser. En la vida real, **antes de comenzar a escribir**, debemos de haber completado una tarea de preámbulo. Lo elemental es que tengamos en todos los casos una idea aproximada de lo que vamos a contar. Por ejemplo:

-Mujer casada que era muy feliz y de repente su marido la deja, se pone muy triste, toda la novela trata de olvidar a este marido y superar su pérdida. Al final lo logra. Final feliz.
(Nuestras fronteras, Guadalupe Avalos)

-Tita se enamora de Pedro, y Pedro también la ama, pero la mamá de Tita no los deja casarse, Pedro se casa con otra, todas las partes involucradas son infelices y miserables hasta que Tita y Pedro logran por fin superar los obstáculos y tenerse el uno al otro. Pero el final feliz no dura porque los dos terminan muertos. Final triste y definitivo.
(Como Agua para Chocolate, Laura Esquivel)

Si no tienes una idea concreta todavía, no te desanimes. Una idea en concreto para tu proyecto de novela puede tardar mucho tiempo en gestarse, pero también se te puede ocurrir de repente. Una (y quizá la única) manera de empezar es partiendo de ti mismo, contando tu propia historia, algo que te atañe o puedes escribir acerca de alguna problemática de la que seas testigo, usando, por supuesto, tu género favorito.

Es muy importante tener una idea aproximada y concreta de la historia que vamos a contar, incluido el final. Si sólo tenemos los personajes, el ambiente y el desarrollo de la historia, pero no el final, entonces vamos a divagar mucho durante el proceso creativo y tendremos que trabajar extra, borrando y volviendo a escribir cada vez que cambiemos de opinión y le queramos dar a los personajes diferentes acciones. Saber cómo va a ser la historia de principio a final nos va a mantener enfocados en el proceso creativo y nos va a permitir ser consecuentes con nuestros personajes, lo que hará toda la novela creíble, y por lo tanto, placentera al leer.

Después de tener la idea concreta, el siguiente paso es definir a grandes rasgos el género de la novela. ¿Va a ser comedia, drama, novela romántica, moderna, o histórica?

Y para dar un repaso, mencionaré los géneros literarios más importantes o comunes. Una cosa que quiero aclarar es que ninguna novela se centra en un solo género, todas tienen algo de varios géneros, pero se las cataloga por el género más predominante. Aún así, hay muchas obras o autores que son muy difíciles de catalogar.

2. Géneros Literarios
2.1 Novela romántica:
El amor en tiempos de cólera (García Márquez)

Se habían conocido en un hospital de caminantes de Port-au-Prince, donde ella había nacido y donde él había pasado sus primeros tiempos de fugitivo, y lo siguió hasta aquí un año después para una visita breve, aunque ambos sabían sin ponerse de acuerdo que venía a quedarse para siempre. Ella se ocupaba de mantener la limpieza y el orden del laboratorio una vez por semana, pero ni los vecinos peor pensados confundieron las apariencias con con la verdad, porque suponían como todo el mundo que la invalidez de Jeremiah de Saint-Amour no era sólo para caminar.

2.2 Novela histórica:
La Catedral del Mar (Ildefonso Falcones)

Año 1320, Masía de Bernat Estanyol. Navarcles, Principado de Cataluña.
En un momento en el que nadie parecía prestarle atención, Bernat levantó la vista hacia el nítido cielo azul. El sol tenue de finales de septiembre acariciaba los rostros de sus invitados. Había invertido tantas horas y esfuerzos en la preparación de la fiesta que sólo un tiempo inclemente podría haberla deslucido. Bernat sonrió al cielo otoñal y, cuando bajó la vista, su sonrisa se acentuó al escuchar el alborozo que reinaba en la explanada de piedra que se abría frente a la puerta de los corrales, en la planta baja de la masía. La treintena de invitados estaba exultante: la vendimia de aquel año había sido espléndida. Todos, hombres, mujeres y niños, habían trabajado de sol a sol, primero recolectando la uva y después pisándola, sin permitirse una jornada de descanso.

2.3 Novela cómica:
El abuelo que saltó por la ventana y se largó
(Jonas Jonasson)

Allan Karlsson vaciló un momento en el arriate de pensamientos adosado a uno de los muros de la residencia.

17

Vestía chaqueta marrón, pantalones marrones y zapatillas marrones. No iba a la última moda, desde luego, pero aún así aquel atuendo resultaba un poco raro a su edad. Había huido de su fiesta de cumpleaños, y eso también resultaba un poco raro para su edad, sobre todo porque muy pocos la alcanzan. Sopesó si tomarse la molestia de volver a trepar hasta la ventana para coger el sombrero y los zapatos, pero comprobó que llevaba la cartera en el bolsillo de la chaqueta, decidió ahorrárselo. Además, la enfermera Alice había demostrado en varias ocasiones poseer un sexto sentido para encontrar su aguardiente...

2.4 Novela negra/ policiaca:
Los hombres que no amaban a las mujeres
(Stieg Larsson)

Viernes, 1 de noviembre
Se había convertido en un acontecimiento anual. Hoy el destinatario de la flor cumplía ochenta y dos años. Al llegar el paquete, lo abrió y le quitó el papel de regalo. Acto seguido, cogió el teléfono y marcó el número de un ex comisario de la policía criminal que, tras jubilarse, se había ido a vivir a orillas del lago Siljan. Los dos hombres no sólo tenían la misma edad, sino que habían nacido el mismo día, lo cual, teniendo en cuenta las circunstancias, sólo podía considerarse una ironía. El comisario, que sabía que la llamada se produciría tras el reparto del correo, hacia las once de la mañana, esperaba tomándose un café. Ese año el teléfono sonó a las diez y media.

2.5 Novela filosófica:
La insoportable levedad del ser (Milan Kundera)

La idea del eterno retorno es misteriosa y con ella Nietzsche dejó perplejos a los demás filósofos: ¡Pensar que alguna vez haya de repetirse todo tal como lo hemos vivido ya, y que incluso esa repetición va a repetirse hasta el infinito! ¿Qué quiere decir ese mito demencial? El mito del eterno retorno viene a decir, per negatio-nem, que una vida que desaparece de una vez para siempre, que no retorna, es como una sombra, carece de peso, está muerta de antemano y, que si ha sido horrorosa, bella, elevada, ese horror, esa elevación o esa belleza, nada significan.

2.6 Novela de ciencia ficción:
Un mundo feliz (Aldous Huxley)

Un edificio gris, achaparrado, de sólo treinta y cuatro plantas. Encima de la entrada principal las palabras: Centro de Incubación y Condicionamiento de la Central de Londres, y, en un escudo, la divisa del Estado Mundial: Comunidad, Identidad, Estabilidad. La enorme sala de la planta baja se hallaba orientada hacia el Norte. Fría a pesar del verano que reinaba en el exterior y del calor tropical de la sala, una luz cruda y pálida brillaba a través de las ventanas buscando ávidamente alguna figura yacente amortajada, alguna pálida forma de académica carne de gallina, sin encontrar mas que el cristal, el níquel y la brillante porcelana de un laboratorio. Las batas de los trabajadores eran blancas, y éstos llevaban las manos embutidas en guantes de goma de un color pálido, como de cadáver.

2.7 Novela de terror:
Cuentos completos (Edgar Allan Poe)

No quisiera, aunque me fuese posible, registral hoy la crónica de estos últimos años de la inexpresable desdicha e imperdonable crimen. Esa época -estos años recientes- han llegado bruscamente al colmo de la depravación, pero ahora sólo me interesa señalar el origen de esta última. Por lo regular, los hombres van cayendo gradualmente en la bajeza. En mi caso, la virtud se desprendió bruscamente de mi como si fuese un manto. De una perversidad relativamente trivial, pasé con pasos de gigante a enormidades más grandes que las de un heliogábalo. Permítanme que les relate la ocasión, el acontecimiento que hizo posible esto. La muerte se acerca, y la sombra que precede proyecta un influjo calmante sobre mi espíritu.

2.8 Novela social /costumbrista:
Memorias de la casa muerta (Fedor Dostoievski)

Existe en Siberia no poca gente que consagra su vida a socorrer fraternalmente a los desgraciados, y tiene por ellos el mismo afecto que un padre por sus hijos: su compasión es santa y desinteresada por entero. No puedo menos que hablar, aunque a la ligera, de alguna de esas almas caritativas. Residía en la ciudad donde estaba situado nuestro penal una viuda, llamada Nastasia Ivánovna. Ninguno de nosotros estaba en relaciones directas con aquella mujer que había dedicado su vida a socorrer a los deportados, y en especial a nosotros, los forzados.

2.9 Novela fantástica:

Las crónicas de Narnia (C.S. Lewis)

Había un vez cuatro niños cuyos nombres eran Pedro, Susana, Edmundo y Lucía. Esta historia relata lo que les sucedió cuando, durante la guerra y a causa de los bombardeos, fueron enviados lejos de Londres a la casa de un viejo profesor. Este vivía en medio del campo, a diez millas de la estación más cercana y a dos millas del correo más próximo.

2.10 Novela religiosa y espiritual:

Nuestras fronteras (Guadalupe Avalos)

Después de caminar medio kilómetro, me aseguré que estaba sola. Me puse a llorar, Lloré con lágrimas y gemidos. Dios, ¿por qué me está pasando esto? Tú no deseas que la gente se divorcie.

Seguí llorando, gimiendo y caminando a grandes zancadas. Oí ladridos, Después vi a lo lejos una mujer que venia con un perro. Me subí la chaqueta y me bajé el gorro, tratando de cubrir mi rostro. Volteé hacia los árboles.

Ejercicio 1

Reflexiona unos minutos y escribe con palabras clave los elementos que más te agradan al leer tu novela favorita.

3. El autor: La materia prima de la novela.

3. 1 Usa lo que tengas a la mano

Ahora, ¿por qué te agradan exactamente esos elementos? Es una pregunta a la que debes responder con absoluta franqueza. Si en el ejercicio anterior contestaste que te gusta la novela de misterio porque te gusta leer cómo piensa un criminal para después sentirte bien acerca de ti mismo, entonces no es recomendable que tu proyecto literario se trate de eso.

En el quehacer literario es elemental que te uses a ti mismo al momento de escribir: tus experiencias, tus conocimientos, tus opiniones, tu punto de vista, tu pasado, tus vivencias y tu entorno. Todo esto le dará autenticidad, credibilidad y riqueza a tu obra.

A lo mejor quieres empezar con una novela social /costumbrista porque tienes un deseo genuino de ayudar en algo a la sociedad y dar a conocer alguna temática de la cual sientes es vital concientizar: digamos, por ejemplo, el autismo. Pero si tu no eres autista, no conoces a ningún autista, ni a alguien que trabaje con autistas, o no tienes acceso a conseguir ese tipo de experiencia a primera mano, lo siento, pero tampoco deberías escribir una novela con esa temática. No tendría credibilidad. No tendría autoridad. No se estaría hablando a partir de la experiencia. Aún siendo una novela ficticia y sabiendo que el género de la novela no nos exige que nos apeguemos a la verdad, siempre es bueno tener la autoridad suficiente para que los lectores puedan percibir que nosotros, los los autores, sabemos de lo que estamos escribiendo.

Por eso es muy importante que al menos en nuestro primer trabajo literario usemos mucho de las experiencias personales o las experiencias de las personas cercanas a nosotros. Aquí entramos al tercer ingrediente de tu novela: Una fuente. Ya mencionamos el primer ingrediente, que es una idea concreta, con todo y final. El segundo es un género literario o una combinación de estos, a lo mucho tres. Y tercero, una o varias fuentes. Si tu novela va a ser de misterio, es elemental que tengas acceso a una fuente, ya sea un policía o ex policía, un ex convicto, o un abogado, o un detective. Alguien a quien puedas preguntar cómo actuaría tu personaje ficticio. Que claro, muchas de esas cosas las podrías averiguar por internet, pero no todo. Es muy importante tener acceso a situaciones y personas de la vida real e información de primera mano.

Si te gusta la novela de misterio y no conoces a ningún asesino o criminal, pero conoces a alguna persona que tiene muchas limitaciones económicas, podrías crear un personaje que roba o daña a alguien para ganar dinero fácil. Lo que nos lleva al siguiente punto:

3.2 Conoce tus valores y tu pasión literaria

Para mantenerte motivado al escribir tu novela, debes de tener una pasión literaria. Si no sabes cuál es tu pasión literaria, debes de preguntarte si hay algo que el mundo necesita saber, de lo cual no se escriben suficientes libros. ¿Tienes un hijo autista y sientes que la gente no sabe tratar con las personas autistas por ignorancia y deseas concientizar acerca de ello?

También podrías preguntarte si hay alguna interrogante que TU deseas averiguar, una cuestión que te interesa mucho averiguar, a lo mejor tu padre era alcohólico y tú sufriste mucho por ello, y quisieras saber qué es lo que tiene el alcohol para que la gente no lo pueda dejar, entonces ahí tienes tu personaje o inclusive el tema de tu novela.

Por supuesto también pueden ser las grandes interrogantes filosóficas y existenciales que todo mundo se ha preguntado alguna vez: ¿Por qué hay tanta injusticia en el mundo? ¿De donde venimos? ¿Existe Dios? ¿Es el hombre malo o bueno? O grandes interrogantes políticas como: ¿Por qué unos países son pobres mientras otros ricos? ¿Cómo se combate la corrupción? ¿Es posible eliminarla del todo? ¿Qué se puede hacer para que más ciudadanos tengan una vida justa? De hecho, muchas de las grandes obras de la literatura reposan sobre este tipo de preguntas. Y ejemplos sobran, tomemos, como una pequeña muestra, a los siguientes autores:

Kundera: El amor, la psicología detrás del sexo, la identidad de uno mismo, la critica hacia el comunismo soviético, el existencialismo.

Dostoievski: Rechazo del ateísmo socialista, análisis de la psicología humana, critica hacia el movimiento socialista de su época, la situación de los pobres.

García Márquez: El amor, el amor contrariado, los estratos sociales, la nostalgia y la soledad.

Ángeles Mastretta: la opresión de la mujer, mujeres que rompen con cánones de la sociedad, mujeres valientes, mujeres cobardes.

La pasión literaria se trata de que el quehacer literario te ayude a ti como autor a resolver una duda que tu tienes, o que te ayude a entender mejor esa problemática de la que quieres saber más, y al mismo tiempo ayudar a otras personas que han estado en esa misma situación, o en otro caso, simplemente entretener a los lectores. La pasión literaria se va a encargar de que tanto tú como el lector saquen algún provecho de la novela. Debe de ser un proceso positivo para las dos partes, escritor y lector.

El lector debe ser estimulado, entretenido, retado, provocado, concientizado... algo. Si las intenciones de escribir una novela solamente son ganar dinero, o ser famoso, o al menos ganar la admiración de tus allegados, lo siento, es mejor que busques hacer otra cosa.

La pasión literaria es lo que te va a mantener motivado en medio de la tormenta, cuando te quedes atorado y no tengas nada que decir, o cuando tengas mucho que decir pero no sabes cómo o cuando contarlo. O cuando tu personaje se enfrente a una situación y haya al menos diez maneras de reaccionar y tu, el autor, sólo puedes escoger una, y en realidad quisieras escoger al menos tres porque de esas tres decisiones saldría una novela entretenida e interesante: Todas estas son posibles situaciones con las que te vas a encontrar repetidas veces durante tu proceso creativo.

3.3 Exagera, exagera, exagera

Bueno. Hasta aquí ya tienes tu idea concreta. Pero… ¿no se te hace demasiado aburrido?
A mi sí. A ti también, y a tus lectores también.

Tomemos el ejemplo de Gabriel García Márquez en El amor en tiempos de cólera. Florentino Ariza está enamorado de Fermina Daza. Los dos son unos adolescentes. Ella termina casándose con otro. Florentino la espera más de cincuenta años.

En la vida real, Florentino superaría a Fermina, la olvidaría y se casaría también con otra mujer. Es lo que pasa todo el tiempo. Pero si vamos a escribir una novela, tenemos que exagerar a los personajes y a las situaciones.

Pero… ¿No acabo de mencionar que debemos escribir a partir de la experiencia? ¿No acabo de implicar que nos debemos apegar un poco a la verdad? Si, pero hasta cierto punto.
Volviendo a nuestro ejemplo, si quieres escribir una novela, tienes que exagerarlo casi todo. En la vida real, a lo mejor Florentino no hubiera sido tan pobre, tan mal vestido y tan tímido como lo era el Florentino-ficticio. A lo mejor el verdadero Florentino hubiera olvidado a Fermina y se hubiera casado con otra. Pero para hacer una novela, tenemos que exagerar a Florentino. No consigue a Fermina porque es pobre, porque se viste mal, es tímido, no tiene una profesión, y por lo visto, también es feo. Y Fermina, para empezar, ni siquiera está enamorada

de Florentino. Es bella, casada con un doctor próspero... y para hacer la meta más difícil de lograr, se va a vivir a Europa los primeros años de matrimonio.

En la novela, Florentino y Fermina no podían estar más separados de lo que estaban, pero terminaron juntos, a pesar de todos los obstáculos. Eso es lo que hace buena literatura: Una idea concreta basada en la realidad, y exagerada después para agregarle belleza literaria. García Márquez mismo comentó que para esa historia se había basado en la historia de amor de sus padres, pero que la historia de ellos era interesante sólo hasta antes de la boda.

Ahora, también debes decidir al principio de la novela, junto con tu idea concreta, que es lo que nosotros los lectores vamos a sentir por tu personaje: ¿Lo vamos a querer? ¿A simpatizar con él o ella? ¿Vamos a odiarlo? ¿Vamos a juzgarlo y sentirnos bien porque nosotros nunca seríamos así? ¿O lo vamos a amar y a odiar al mismo tiempo? Esto nos lleva al siguiente punto:

SEGUNDA PARTE

4. El trabajo literario

4.1 Construcción de personajes

Este es probablemente el trabajo más minucioso y dedicado que se tiene que hacer. Para construir un personaje necesitamos construir absolutamente todos los aspectos de su identidad y persona, especialmente para nuestro protagonista (o nuestros protagonistas)

Aquí te paso un esquema que puedes usar para completar a tu personaje, basado y ampliado a partir del texto de Lajos Egri en *"The art of dramatic writing"*:

Aspectos biológicos:
Género (hombre, mujer) edad, complexión, aspecto físico, señas particulares, (lunares, cortadas, usa lentes, frenos, manchas en la piel, salud bucal, bigote, barba, cabello largo, corto, usa aretes, tiene tatuajes, heridas visibles, discapacidad, enfermedades.

¿Por qué es importante delinear estas características tan minuciosamente? Imaginemos que nuestro personaje principal tiene los dientes muy chuecos. Esto por consecuencia le va a crear una consciencia permanente de sus dientes, le va a crear una inseguridad que lo va a llevar a no sonreír con los labios abiertos, o a taparse la boca al reír. Si siempre va a andar con la boca cerrada, no va a hablar con mucha gente, lo que hará que sea percibido como una persona tímida, aunque en realidad no lo sea. Los dientes chuecos van a afectar sus relaciones con los demás.

Las características de nuestro cuerpo afectan la manera en la que nos relacionamos con otros y en nuestro mundo. A lo mejor una persona que es muy alta se siente como que llama demasiado la atención, y le toca experimentar lo molesto que es el no caber en los asientos de autobuses y coches, al igual de lo incómodo que es no hallar pantalones lo suficientemente largos. Una persona muy bajita, por el contrario, va a batallar cada vez que es empujada, cada vez que no alcance algún objeto puesto en un lugar alto y tenga que pedir ayuda para alcanzarlo, y que alguna gente la ignore.

Por eso es muy importante que delimites a tu personaje minuciosamente y con todos los detalles posibles. Esto definirá a tu personaje e inclusive tu personaje en muchas formas te va a decir qué hacer y como actuará cuando tu estés en medio de tu proceso creativo. Delimitar a tu personaje te va a hacer la vida más fácil.

Aspectos sociales y de identidad:
Estrato económico, qué tipo de casa tiene, qué coche, qué ropa usa, cuál trabajo desempeña, es desempleado, nivel de estudios, las calificaciones que tuvo en la escuela, materias favoritas, tiene padres, cuántos años tienen los padres, viven los padres, qué tipo de relación tuvo con los padres, qué tipo de padres tuvo, controladores, negligentes, cariñosos, estrictos, pacientes, regañones, cuántos hermanos tiene nuestro personaje, qué tipo de relaciones tiene con estos, está casado, tiene hijos, tipo de relaciones familiares, es el ambiente hostil en casa, amoroso, muchos pleitos, tranquilo, qué tipo de comida

come, platillo favorito, qué pasatiempos tiene, qué periódicos lee, qué revistas le gustan, partido político o convicciones políticas, qué grado de moral o ética posee, se pasa los altos, nunca se los pasa, devuelve el dinero si le dieron cambio de más o roba sin pena. Qué deportes le gustan, qué deportes practica.

Aspectos psicológicos:
Aquí entra la esencia de nuestro personaje: ¿Cuáles son sus habilidades, sabe tocar algún instrumento, cuántos y cuales idiomas habla, o si nomás habla uno, porque no habla más, cual es su coeficiente intelectual, qué tipo de vida sexual tiene, cuáles son sus frustraciones y sus más importantes decepciones o tragedias en su vida, es aburrido u ocurrente, impulsivo, miedoso, resignado, luchador, cuáles son sus adicciones o deseos más profundos, anhela poder, dinero, es promiscuo, quiere ser aceptado, tiene baja autoestima y quiere complacer a los demás, no sabe decir que no, o por el contrario es muy orgulloso, prepotente o altanero y piensa que todos están para servirlo, es egoísta, generoso, cumplidor, trabajador, bueno, puntual, arrogante, racista? En ese caso, ¿hacia cuáles grupos, trata mal o bien a las personas, o trata bien sólo cuando puede obtener un beneficio, es paciente, es enojón e iracundo, explota, o por el contrario es tranquilo, taciturno, amable, comelón, o inapetente? ¿qué relación tiene con el dinero, la comida, la ropa, las posesiones materiales, los viajes, la gente, sus amigos, su familia, sus compañeros de trabajo, los servidores, cómo trata a un mesero, a una recepcionista, a un parquero? Ve al mayor detalle posible a tu personaje principal.

Con los demás personajes deberías hacer lo mismo, porque la vida real así es, cada persona es compleja y única, pero por las cuestiones prácticas de tu historia puedes trabajar con tus personajes secundarios de una manera menos compleja, pero permitiendo que sean personajes relativamente complejos con sus propios deseos y motivaciones profundas y personales.

Entre más detalladamente describas a tu personaje, mejor se desarrollará tu novela, y se te hará menos difícil escribirla. Por ejemplo, si has descrito a tu personaje como muy cauteloso y que piensa muy bien las cosas, va a ser muy improbable que tenga una aventura con esa mujer guapa que conoció en el trabajo. Una de dos, o se queda en su matrimonio miserable, o si no, la mujer guapa tendrá que hacer todo el trabajo, para que el personaje no le quede de otra mas que sucumbir a la tentación.

Como tú solamente eres un ser humano de carne y hueso, no podrás tener todas las respuestas en cuanto a las interrogantes de porqué se comporta tu personaje como se comporta. Por eso tienes que "vivir" a tu personaje. Tú, como autor, debes situarte dentro de tu personaje para poder entender por cuál razón se comporta como se comporta. Es muy posible que alguna información acerca de tu personaje la puedas obtener a través de periódicos, internet, películas u otras novelas, pero la información más importante la vas a obtener por medio de "tu investigación de campo"

Si tienes la oportunidad de infiltrarte en el mundo de tus

personajes, no desaproveches esa oportunidad. A veces requiere de valentía hacer eso. Si tienes un personaje que es anciano, puedes ir a visitar a tu abuelita y preguntar cosas que te interesen saber, o ve al parque y siéntate a escuchar los otros ancianos. Observa a tu vecina de la tercera edad... (Y no me refiero a tener un par de binoculares y observarla detrás de la cortina tipo *stalker,* me refiero a ser consciente al coleccionar todos esos pequeños instantes en los que te encuentras con personas de la tercera edad en tu diario vivir).

En resumidas cuentas, para ser escritor, tienes que ser un buen observador.

Cuando "conozcas" a tu personaje, vas a poder determinar qué es lo que tu personaje puede hacer y qué no, vas a poder delimitar tu historia y vas a ser libre para escoger qué reglas va a romper el personaje.

Una anécdota que Gabriel García Márquez en su novela *Vivir para contarla* nos comparte, es que había empezado a escribir cuentos cortos para el periódico donde laboraba, y se trataban de un hombre llamado Natanael. Después de varios intentos fallidos y algunos cuentos publicados, se dió cuenta que no estaba funcionando eso de escribir acerca de Natanael. "Es bueno recordar estos desastres para no olvidar que un personaje no se inventa desde cero" recordó, y luego menciona "que el personaje debe estar fundado en alguien a quien se haya conocido" ya sea en experiencias propias o ajenas"

Ejercicio 2.

Construye un personaje secundario basándote en alguien que conozcas o hayas conocido.

4.2 Conflicto

Un reto o problema a ganar (o perder)

El siguiente ingrediente en nuestra novela es el conflicto. Toda buena historia tiene que tener un reto, una meta, un problema, una persona que rescatarse, un pueblo que salvar, algo que represente un obstáculo a vencer. Este elemento no siempre es obvio en cualquier historia, pero definitivamente todas lo tienen. El conflicto es el combustible que alimenta el motor de cualquier historia.

Tienes que escoger también si en tu historia van a existir varios conflictos pequeños que se van a enfrentar al protagonista, o si va a ser un problema grande y complicado que va a requerir varios intentos para poder vencerlo. Una vez que tengas resuelto cuál va ser el problema o reto a vencer, puedes seguir desarrollando la trama de tu novela, hasta el punto de tener en mente o en papel una idea general de tu historia. Lo siguiente a resolver será las voces narrativas.

4.3 Voces narrativas

Otra cosa que debes de establecer al escribir tu novela, es quién va a hablar y a quien.

¿Quién habla?

Y aquí ya estamos entrando en terreno interesante: El que habla en la historia se divide en dos: El narrador y la persona gramatical. El narrador es la mente detrás de la voz narrativa, es el que posee el conocimiento de la historia, ya sea absoluto o limitado. La persona gramatical es la persona que va a comunicar la historia, o sea, el que ejecuta la acción de contar la historia.

Quizá esto suene un poco confuso o demasiado teórico, así que vamos a saltar directamente a algunos ejemplos con los tipos de voces narrativas, para lograr una mejor comprensión.

Narrador omnisciente:
Este tipo de narrador lo llamo "Narrador tipo dios", porque todo lo sabe, está en la cabeza de todos, sabe los pensamientos e intenciones secretas de todos los personajes envueltos en la historia, y asimismo tiene conocimiento de todo lo que pasó en el pasado, presente y futuro de los personajes.
Ejemplo:
Ya por la tarde, Carlos fue caminando a la tienda a comprar un paquete de fideos para preparar una cena austera. Solamente traía cinco pesos, e iba acariciándolos en la bolsa del pantalón, deseando que los fideos no costaran más de eso.

Entró cabizbajo al estanquillo, y don Chente, al verlo, pensó:
-Ya viene este mendigo a pedirme fiado otra vez.

Narrador/ personaje principal:
Como el nombre lo dice, este tipo de narrador es la misma persona que el personaje principal, así que su conocimiento es limitado. Es importante recalcar que el autor (tú) y el narrador son dos personas distintas. Tú, como autor, lo sabes todo acerca de tu historia. Pero, en la

manera que lo cuentas es como haces uso de esa voz narrativa con conocimiento limitado. Por ejemplo, tú, el autor, sabe que Carlos va a terminar tan endeudado que va a tener que vender la casa que le heredó su madre. Pero durante toda la historia está tratando de salir de sus problemas económicos. Carlos no sabe cómo va a terminar su historia. Es decir, el narrador/ personaje principal se sorprende cuando algún acontecimiento inesperado ocurre, se frustra cuando no logra su cometido, se alegra cuando al final todo sale bien.

Seguimos con el ejemplo de Carlos y don Chente:
Me iban a pagar hasta el viernes. No tenia nada que cenar, así que decidí hacerme una sopa de fideos para comer en la noche. Tenía solamente veinte pesos, así que tomé cinco y me dirigí a la tiendita de la esquina. Sabía que ya no podía pedir fiado porque le debo mucho dinero a don Chente. Entré a la tienda. Don Chente tenía el partido de las Chivas en el televisor y me saludó a secas.

Narrador testigo:
Este tipo de narrador no es la misma persona que el personaje principal, pero es quizás uno de los personajes, o es un narrador independiente de la historia. No sabe lo que ocurre en las mentes de nadie, su conocimiento acerca de la historia es basado sólo en lo que ve y escucha.

Ejemplo:
Carlos iba caminando despacio. Parecía no tener prisa de nada. Llevaba las manos en las bolsas del pantalón. Dio vuelta en la esquina y llegó hasta el estanquillo de Don

Chente. Al poco rato, salió con un paquete de fideos en la mano. La puerta, que tenía un resorte, golpeó fuertemente el marco al cerrarse.

Monólogos internos:

El uso de este tipo de voz narrativa es en la que el narrador conoce los pensamientos e intenciones de cada personaje, o solamente de un solo personaje. Este tipo de voz narrativa se usa para entretejer una historia.

Ejemplo:
Espero que los fideos no cuesten más de cinco pesos... si no, que vergüenza tener que pedirle fiado a don Chente...
-Pensó Carlos mientras iba caminando al estanquillo.

Diálogos:

Es una voz narrativa que sirve también como herramienta al contar una historia.

Ejemplo:
Carlos entró al estanquillo.
-Buenas, don Chente! –saludó cortésmente.
-Buenas. –Contestó don Chente a secas.

Narrador equisciente:

Este narrador conoce los pensamientos y motivaciones sólo del personaje al que sigue, que generalmente es el protagonista. Como no es omnipresente, no lo sabe todo, pero como tampoco es únicamente el personaje principal, nos puede aportar información externa, es decir, desde varias perspectivas.

Ejemplo:
Ya por la tarde, Carlos fue caminando para la tienda a comprar un paquete de fideos y preparar una cena austera.

Espero que no cuesten más de cinco pesos... si no, que vergüenza tener que pedirle fiado a don Chente... -Pensó Carlos mientras iba caminando al estanquillo.

-Buenas, don Chente! –saludó cortésmente al entrar a la tienda. Don Chente estaba viendo el fútbol.
-Buenas –contestó a secas.

Narrador objetivo:
Cuando se cuenta una historia, siempre se acostumbra pasar la balanza a favor de un personaje y en contra de otros. Es parte del punto de vista, y es algo que el autor decide antes de empezar su historia, o sea, quienes serán los protagonistas y los antagonistas. En la vida real, se puede decir que nadie es ni protagonista, ni antagonista, ni personaje secundario. Todos tenemos aspectos positivos y buenos, al igual que defectos y errores. Somos protagonistas en nuestra propia vida y personajes secundarios en la vida de los demás. Pero al contar una historia, el peso de la aceptación tiene que repartirse entre los personajes de nuestra historia. Se puede decir que tú, como autor, tienes que escoger una versión de la historia.

El narrador objetivo trata de contar una historia tratando de rebajar esa simpatía hacia el protagonista y disminuyendo también el rechazo hacia el antagonista. Esta herramienta se usa para hacer más atractiva la historia, a lo mejor empezamos leyendo una historia en la que pensamos que el protagonista es muy bueno, nos identificamos con él y le tenemos simpatía, pero al final de la historia resulta que el protagonista no era lo que pensábamos.

Ejemplo:
Ya por la tarde, Carlos fue caminando a la tienda para comprar un paquete de fideos y preparar una cena austera. Espero que no cuesten más de cinco pesos... si no, que vergüenza tener que pedirle fiado a don Chente... -Pensó Carlos mientras iba caminando al estanquillo.

-Buenas, don Chente! –saludó cortésmente al entrar a la tienda.
Don Chente estaba viendo el fútbol. Cuando vio a Carlos, se acordó del dinero que le debía. En repetidas veces le había cobrado, pero a Carlos parecía no importarle.
-Buenas –contestó a secas. De reojo, le vio las zapatillas deportivas de buena marca, y sintió como le hervía la sangre. Tiene dinero para tenis Nike, pero no para pagarme lo que me debe! -Pensó con furia.

Existen muchas otras voces narrativas, pero hasta aquí mi punto es explicar cómo funcionan las voces narrativas. Tú, como autor, sabes que Carlos tiene problemas para manejar su economía, que se gasta todo el dinero y no ahorra nada, sabes que Don Chente es el dueño de la tiendita, que de repente tiende a ser mal administrador de su negocio. Todo ese trabajo lo hiciste al crear a tus personajes, pero el uso de la voz narrativa es el cuentagotas que suelta la información al lector de poco a poco, explicando detalladamente unas cosas, dejando a lado algunos detalles, sugiriendo otros, excluyendo alguna información, esperando hasta el siguiente capitulo para contarla... Todo estos manejos sirven para hacer tu historia interesante e invitar a tu lector a continuar leyendo. Si nos ponemos un poco filosóficos, podríamos concluir que la vida real funciona así, existen muchos ángulos desde dónde observar o experimentar una situación, y cada quién tiene su punto de vista, lo que, por cierto, nos lleva a nuestro siguiente tema:

4.4 Punto de vista

Cada punto de vista es la realidad para ese observador, y la suma de todos los puntos de vista vienen a ser lo que llamamos la realidad absoluta. La realidad absoluta es imposible de percibir, por lo tanto nos tenemos que conformar con lo que nosotros mismos percibimos y quizás ponernos en el lugar de unas cuantas personas más. Cuando tu, como autor, estás escribiendo tu novela, estas escogiendo los puntos de vista según los personajes que vayas a crear, por lo tanto, es vital que siempre te coloques en el punto de vista de todos tus personajes, ya sea que vayas a escribir acerca de ello o no. Cuando dejes de colocarte en el punto de vista de alguno de tus personajes, automáticamente se va a hacer a un lado, lo que no le daría a tu historia una consistencia fija.

Vamos a suponer que tu como autor, te identificas un poco con Carlos. Tiendes a no administrar tu dinero de una manera sabia. A lo mejor también has observado a tu alrededor, en la sociedad, que muchas veces te tratan según te ven. Carlos fué un niño que era un tanto adinerado, pero el papá murió, y la madre malgastó todos los ahorros y la herencia. Ya lo único que quedó era la casa. El pasar de una situación acomodada a una con bajos recursos provocó una herida en Carlos, algo que hizo que se sintiera inferior a los demás. Esta actitud, este punto de vista de Carlos acerca de sí mismo, es lo que va a teñir toda la historia.

Una parte de esto ya lo habías hecho al describir a tu personaje, aquí lo importante es siempre estar recordando a tu personaje, no olvidar sus destrezas, sus desaciertos, sus inseguridades, sus defectos, sus bondades.

Como un pequeño paréntesis quisiera comentarte que al escribir una novela es también muy importante hacer trabajo de investigación al leer otros libros acerca del tema, y no sólo novelas, sino libros de psicología, finanzas, historia, o hasta libros de cocina, según aplique a tu historia o personaje.

4.5. ¿A quién se cuenta la historia?
También esto es algo que debes saber antes de escribir la primera palabra de tu novela. Por experiencia propia, te advierto que no vas a pasar del primer párrafo si no tomas una decisión en cuanto a la definición de tu público lector. Las posibilidades son muchas, pero para que te des una idea, te voy a mencionar algunos ejemplos, retomando a los personajes de Carlos y Don Chente.

Supongo que esto les hará reír a ustedes, pero cada vez

que se llegaba lunes o martes, Carlos ya andaba sin un cinco. Se gastaba casi todo el salario el viernes, cuando le pagaban, y ya entrada la semana, tenía que pedir fiado en la tiendita de Don Chente.

Aquí se deduce que el autor está hablando a un público en plural, (ustedes) y también supone que es un público quizá latinoamericano, ya que si fuera a un público en España, diría:

Supongo que esto os hará reír, pero...

Si se habla a una persona anónima, un lector individual, se leería más o menos así:

A Carlos le pagaban cada viernes, y ya para el martes de la semana siguiente andaba sin un cinco. Se gastaba casi todo el salario cuando le pagaban, y...

Si se habla a otro personaje, se escribiría de la siguiente manera:

Por eso es muy importante que siempre hagas un presupuesto de lo que vas a gastar, Roxanna, y trates de no pedir prestado, ya que tu padre, Carlos, se gastaba el dinero durante el fin de semana, y ya para el lunes o martes, andábamos sin un cinco y teníamos que pedir fiado.

O también:

Por eso es muy importante que siempre hagas un

presupuesto de lo que vas a gastar, Roxanna, y trates de no pedir prestado, ya que tu padre, Carlos, se gastaba el dinero durante el fin de semana, y ya para el lunes o martes, andábamos sin un cinco y teníamos que pedir fiado.

O también:

Por eso es muy importante que siempre hagas un presupuesto de lo que vas a gastar, Roxanna, y trates de no pedir prestado. Aprende de mi, que me gastaba el dinero durante el fin de semana, y ya para el lunes o martes, andaba sin un cinco...

En este caso, los lectores seríamos una especie de mirones, nos estaríamos entrometiendo en una historia "privada" de los personajes, lo que hace más interesante la historia, al sabernos espías.

Si el relato es en segunda persona, el narrador habla al personaje principal:

Te pagaban el viernes. Al terminar el turno, te ibas de parranda con tus compañeros, y te gastabas una buena parte en cerveza. Luego, el sábado le pagabas a quien te cobrara alguna deuda, y ya para el lunes o martes, andabas sin un cinco.

Este tipo de narración es interesante porque el narrador puede odiar a su personaje:

Eras tan idiota que te gastabas todo tu salario en cerveza el mismo día que te pagaban...

O puede simpatizar con él:
Tenías un corazón tan grande, que te daba por invitar tus compañeros al bar y les invitabas cerveza a todos. Ya para el lunes andabas sin un cinco y tenías que pedir fiado a Don Chente...

Dependiendo de quién hable y a quién se hable, es como escoges la voz narrativa. Una vez que hayas escogido una combinación de elementos, estás entrando en un contrato con tu lector y te debes apegar a esas reglas que tú mismo trazaste.

4.6 Consejos prácticos

Quizá tu siguiente pregunta sería: ¿Y cuál voz narrativa escojo para mi historia?

Para averiguar en qué voz narrativa vas a escribir tu historia, lo mejor es el método de "intentar y fallar". Esto significa que si empiezas una historia contándola como un narrador omnipresente, pero a medio capítulo no te convence o no te está ayudando a desarrollar tu historia, es mejor que vuelvas a empezar tu historia con otra voz narrativa. La información ya la tienes, ya planeaste a todos tus personajes, ya sabes como va a concluir y cómo se va a desarrollar tu historia, ya sientes la simpatía o el rechazo hacia tu personaje, ahora el problema principal es que tienes demasiada información muy jugosa e interesante, ya estás emocionado, y tú quisieras contarlo todo de un golpe, pero eso confundiría a tus lectores, y por eso debes escoger una versión o un ángulo para empezar a contarla. Escoger la voz narrativa no será fácil, pero si estás dispuesto a intentar y fallar, y tirar a la basura todos esos intentos fallidos, vas a dar con la voz narrativa con total certeza.

En este punto, debes trabajar contigo mismo y no sentirte un fracasado cada vez que intentes y falles. Es necesario que veas los fallos como un paso adelante hacia tu meta. Si al tratar con todas las voces narrativas sigues sin encontrar tu voz, significa que no has hecho una creación detallada de tus personajes o que el conflicto a vencer no es lo suficientemente fuerte o adecuado a tu personaje. O quizás debas agregar algunos retos o problemas pequeños, que ayuden a resolver el problema mayor.

Algo que también sucede con muchos autores novatos es que lamentan mucho el tener que desechar algo que llevaban mucho tiempo desarrollando, y se obligan a continuar en esa dirección o esa voz narrativa, por no querer perder el tiempo que usaron desarrollando la historia de esa manera. Pero en la vida real de los escritores, en toda historia que se cuenta, quizá sólo se publica el veinticinco porciento de lo que se escribió. Detrás de cada libro hay quizá palabras suficientes como para llenar tres libros, pero que a la hora de la hora, esas palabras no contribuyeron de una forma convincente a la historia y por eso tuvieron que ser sacadas de ella. Hace tiempo asistí a un seminario de literatura, y uno de los escritores invitados dijo en entrevista que por cada libro publicado había escrito al menos cinco. Y si le publicaban dos libros, a lo mejor había escrito lo equivalente a ocho.

Por lo tanto, otro consejo para los escritores novatos es: No tengas miedo de deshacerte de lo que no te sirve. (Que por cierto aplica para otras áreas de la vida también)

Un consejo para comenzar:
A veces sucede que con el narrador omnipresente es muy difícil guardar los secretos o evitar revelar alguna información, y es mejor usar una voz como narrador testigo o narrador-personaje principal, porque así es más fácil dejar detalles a un lado y sacarlos cuando sea oportuno dentro de la historia.

Otro consejo a la hora de escoger una voz narrativa es siempre volviendo al mensaje principal de la novela. Si escribes una novela en la que el mensaje principal es transmitir el dolor de un joven talentoso pero pobre cuando la mujer de sus sueños se va con un empresario, entonces no puedes contar la historia desde la perspectiva de la mujer, la tendrías que contar desde la perspectiva del joven.

Cada vez que te topes con una decisión literaria, que no sepas a dónde va tu personaje, debes recordar que el mensaje principal de tu historia te va a ayudar a tomar esas decisiones. Es un ejercicio mental muy importante el mantenerse enfocado. Los personajes están ahí solamente con el único propósito de ayudarnos a contar una historia. Si lo que hacen o dicen no nos ayudan a contar la historia, entonces son de sobra. Y si son de sobra, son

son aburridos. Si son aburridos o confusos, estamos escribiendo una historia de baja calidad.

Recuerda:
Aprende de cada error. Cada fallo te acercará más y más a tu meta, que es escribir y terminar tu historia. No pienses "Estoy fracasando" sino "por aquí no es. Intentaré por este otro lado".

4.7 Descripción de ambientes

Ya hemos cubierto el área de los personajes y las voces narrativas. Pero, igual de importante es el ambiente en donde se desarrollan las acciones de estos.

Debes escoger el tiempo (1950, 1985, 2015) y recuerda que debes ser consecuente. No puedes decir que tu personaje habló por teléfono móvil y la historia se desarrolla en 1950.

También debes escoger el lugar geográfico y narrar acorde. No puedes escribir que fueron a un restaurante de comida rápida, y la historia se desarrolla en un pueblito muy pequeño en el sur de México.

El ambiente se encarga de proporcionar un marco, cuya función es la de proporcionar un limite a nuestros personajes. Con este marco, habrá cosas que nuestros personajes no podrán hacer.

Una vez que hayas delimitado el lugar y el tiempo (cosa que ya habías hecho al construir tu idea concreta de novela) el paso siguiente es describir los lugares dentro del ambiente elegido. Si escogiste, por ejemplo, Texas en 1995, te toca describir los lugares acorde a este lugar y tiempo. En Texas, en 1995, existían por ejemplo las tiendas de renta de videos Blockbuster. Podrías ubicar a tu personaje en un lugar típico de la época para consolidar tu historia. Quizá a tu lector le dé nostalgia al leer de ese lugar. ¿A quién no le gusta recordar los viejos tiempos?

Si tu historia no se coloca en el mismo lugar o tiempo que en el que estás escribiendo, te toca hacer trabajo de investigación y descubrir las costumbres, arquitectura, gastronomía y manera de vestir en la sociedad de tu historia. Y generalmente, en esta parte de tu proceso creativo te tendrás que dedicar a leer libros relacionados con el tema, ver a lo mejor películas o visitar lugares que te acerquen un poco más a tu ambiente... Algunos autores han llegado tan lejos que inclusive "viven" a sus personajes, si la historia tiene mucho que ver con un restaurant, se ponen a trabajar como meseros, o consiguen un trabajo extra en eventos sociales. O viajan a los lugares en los que se desarrolla su historia, consiguen fotografías de la época, revisan libros de esos años, hablan con personas que vivieron durante ese tiempo, etcétera.

Los días, semanas o meses que dures haciendo este trabajo, posiblemente lo sentirás como un periodo no productivo en tu proceso creativo, pero será todo lo contrario. Ese es otro "problema" o desventaja a la hora de escribir historias. El autor tiende a sentir que es productivo solamente cuando escribe, pero en realidad se escribe cuando se reflexiona, se investiga, se detiene a pensar, cuando se desechan ideas, cuando está sentado en silencio redactando en su cabeza un diálogo. Muchas veces, el trabajo del escritor es un trabajo intangible. No te sientas mal cuando no estés escribiendo. Un autor comprometido con su historia, está en realidad escribiendo siempre.

Pero entonces, ¿cómo se describe un ambiente?

Para lograr una buena descripción ambiental, es importante seguir las siguientes reglas:

Primera regla: Imagínate que eres una cámara. Primero tienes que describir el plano general. No te enfoques en detalles exactamente en ese pasaje de tu novela.

Seguimos con el ejemplo de Carlos y Don Chente:

Carlos fue al estanquillo a comprar fideos. Al entrar, tuvo que acostumbrar sus ojos a la poca luz de la tienda sombría.

Ya con esto queda establecido que es una tiendita de vecindario, y al ser sombría, el lector la puede asociar a otros adjetivos acordes:
-pequeña
-humilde
-sucia

Es posible que tú, como autor, no te hayas imaginado la tienda siendo pequeña, o humilde, o sucia, pero mientras vas narrando, irás confirmando o descartando esos detalles. Al final de cuentas, tu historia va a cambiar siempre, adaptándose a los ojos del lector. Tu contarás una historia, pero tu lector siempre se va a imaginar otra. Y eso no tiene nada de malo. Por eso, tu, como autor, tienes que ir guiando a tu lector para que se imagine cosas dentro del marco de tu historia. Recuerda que toda novela es en realidad una comunicación entre lector y escritor. A lo mejor cuando tu narras acerca de la tiendita, tu lector se imagina la típica tiendita a la que él fue durante su infancia, que desde luego va a ser diferente a la tienda que tu describes, o sea, la que tú tenias en tu mente. Pero repito, eso no tiene nada de malo, ya que lo importante es que el suceso general sea el mismo para el autor y el lector.

Muchos escritores novatos tienen una obsesión por controlar su historia y por eso describen demasiado sus ambientes, lo que provoca que el lector no siga el hilo de la descripción, se desconcentre, salte al siguiente párrafo, y finalmente termine dejando el libro a un lado. Es muy importante reconocer que nuestro objetivo principal es que el lector lea toda nuestra novela y que le provoque una reacción, ya sea que la ame, la odie, que le ponga triste, o más enamorado u optimista, que le motive o le enseñe nuevas cosas... Lo más importante es que nunca, pero nunca, deje nuestra novela a un lado para nunca volver a leerla. Por eso, es vital que tú, como autor, renuncies a tener el control total de tu historia. Tú la cuentas, pero es trabajo del lector interpretarla.

Segunda regla. Una vez que describiste el plano general, haces un acercamiento de cámara hasta llegar a un plano medio.

Ejemplo:

Carlos fue al estanquillo a comprar fideos. Al entrar, tuvo que acostumbrar sus ojos a la poca luz de la tienda sombría. Echó una mirada de reojo a Don Chente... si, ahí estaba, al otro lado del mostrador, rascándose la barba con su mano regordeta.

Buscó entre los anaqueles de madera desgastada los paquetes de fideos. Estaban en la penúltima repisa, al fondo de la tienda. Las repisas ni siquiera tenían precios.

Carlos chasqueó los labios. Iba tener que preguntarle a Don Chente el precio de los fideos y someterse a la vergüenza de salir de ahí sin nada, en caso de que los fideos costaran más de cinco pesos.

Ya con esto nos acercamos un plano más en la escena. El lector se puede imaginar un poco más nuestro ambiente. Sin precios en las repisas, y siendo los anaqueles de madera rustica, se puede imaginar el lector que la tienda, además de sombría, era muy humilde.

Tercera regla: aquí es cuando podemos detallar, matizar y describir al máximo uno o dos elementos del ambiente.

Continuamos con el mismo ejemplo:

Carlos chasqueó los labios. Iba tener que preguntarle a Don Chente el precio de los fideos y someterse a la vergüenza de salir de ahí sin nada, en caso de que lo fideos costaran más de cinco pesos.

Se dirigió al mostrador, encontrando un lugar por dónde pasar, en medio de las tres cajas de detergente que bloqueaban el pequeño pasillo y el anaquel con los papeles de regalo.

Aquí, al escribir, ya casi puedo oler el detergente, que me lo imagino color azul, para lavar ropa, dentro de cajas de cartón con letras rojas. Los papeles de regalo me los imagino rosas, blancos y amarillos, son brillantes y tienen dibujos pequeños, como estrellas o flores.

Mi lector posiblemente se imagina detergente de lavar trastes, blanco, con olor a limón, y se imagina un anaquel de papel de regalo doblado en cuadros. Cada quién se imagina lo que quiere. Es lo que hace leer novelas una actividad placentera.

Con ese detalle de las cajas de detergente bloqueando un pasillo, nos podemos imaginar que la tienda no era tan pequeña, que al menos tenía dos cuartos, y que si el detergente bloqueaba el pasillo, significaba que la tienda estaba muy bien surtida, como para no tener espacio suficiente para poner la mercancía. Todo esto se narra sin tener que contarlo, sugiriendo cosas a partir de la manera que narramos la historia.

Un recurso que quizá no es vital, pero es como la cereza en el pastel, es hacer una pequeña descripción de un elemento importante en la historia.

Carlos puso los cinco pesos, húmedos ya por el sudor de su mano, en el agrietado mostrador. Don Chente los cogió barriéndolos con la mano y agarrándolos con la otra.

El decir que los pesos estaban ya húmedos por el sudor de la mano de Carlos, nos hace ver la historia en un acercamiento total a ese elemento, nos dice algo del estado de ánimo de Carlos, que estaba muy nervioso por el costo de los fideos, y cuando decimos que el mostrador estaba agrietado, ya de esa única descripción, nos agarramos de ella y nos imaginamos el estado del mostrador, por ejemplo, con vidrios rotos pegados con cinta adhesiva, el color de la pared, el aspecto de Don Chente…

Ejercicio 3.
Describe el siguiente ambiente: Una persona, hombre o mujer, que está esperando el autobús. Esta persona se dirige a su trabajo.

4.7.1 La adjetivación como herramienta descriptiva.

Como todos sabemos, los adjetivos son las palabras empleadas para explicar cómo son los sustantivos (las cosas que nombramos). Cuando decimos sombrero negro, sombrero es un sustantivo y negro es el adjetivo.

Cualquier cosa que se puede contar tiene ciertos elementos básicos: muchos o pocos personajes, incontables acciones y un ambiente, ya sea general o específico. Si decimos: Carlos fue a la tienda, ya con sólo eso tenemos los tres elementos: El personaje es Carlos, la acción es la de ir, y el ambiente es la calle de camino a la tienda y la tienda en sí.

Si habláramos excluyendo los adjetivos de nuestro idioma, básicamente seria imposible la comunicación, ya que nuestro lenguaje es muchísimo más rico y la forma que pensamos nos obliga a explicar o describir con adjetivos como son las cosas. Y aquí estaríamos entrando en un tema muy interesante de la lingüística y de como nuestro lenguaje afecta la manera que vemos el mundo, pero para los propósitos de este libro, nos detendremos justo aquí y llegaremos solamente a la conclusión de que los adjetivos son esenciales a la hora de contar una historia.

Nota la diferencia entre las siguientes líneas:
Carlos abrió la alacena de su cocina. No había mas que un frasco de pimienta y un bote de consomé ya expirado, así que decidió ir a la tiendita de la esquina a comprar unos fideos.

Carlos abrió la alacena de su gastada cocina. No había más que un frasco de pimienta gorda y un consomé que olía ya a caducado, así que decidió ir a la tiendita de la esquina a comprar una sopa instantánea.

Fíjate cómo los adjetivos refuerzan las impresiones de lo narrado, además de que logran una explicación más concisa de los ambientes, las acciones y los personajes. Pero me gustaría también recalcar que el abuso de los adjetivos en una narración es peor que la falta de estos:

Carlos abrió esperanzadamente la alacena de su vieja y desgastada cocina para ver si encontraba algo. No había más que un frasco de pimienta gorda y un consomé Knorr que olía ya a caducado, así que decidió ir a la tiendita de la esquina, la de Don Chente, a comprar una sopa instantánea Maruchan, que ya tiene el consomé incluido.

Aunque a simple vista, el párrafo anterior no tiene nada de malo, aquí el lector ya se está preparando mentalmente en que todos estos detalles son importantes por algún motivo, ya que asume que después en la novela va a ser importante que sepa que la cocina estaba vieja y descompuesta, que no tenia nada en la alacena, que el consomé marca Knorr era precisamente así por algún motivo, que ir precisamente a la tienda de Don Chente también tiene un motivo, y que compró sopa instantánea marca Maruchan porque a lo mejor no tenia tiempo, o por alguna otra razón. El lector, con ese tipo de párrafo, ya está haciendo su parte del contrato autor-lector, creyendo todo lo que le dice el autor, confiando en que todos los detalles son importantes para la historia, y si el autor rompe con ese contrato, facilitando detalles excesivos sin explicar por qué, va a convertir su novela en una obra repetitiva, fastidiosa e inclusive torpe e ignorante.

A manera de conclusión podemos establecer que los adjetivos deben de ser correctamente dosificados para poder crear una obra bella, clara e interesante.

4.7.2 Sinónimos y antónimos. Uso y abuso de ellos.
Todos sabemos que un substantivo puede ser comunicado de diferentes maneras. Coche y automóvil son palabras que significan exactamente lo mismo, por esto, llamamos a ese grupo de palabras como sinónimos. De la misma manera, sabemos que hay palabras que significan exactamente lo contrario: es común enfrentar conceptos como blanco y negro, bien y mal. Este grupo de palabras recibe el nombre de antónimos.

Durante el proceso creativo y de trabajo literario, cualquier autor tiene en los sinónimos y antónimos una herramienta esencial para poder evitar la excesiva repetición de una palabra o concepto, (redundancia) o la excesiva repetición de un sonido (cacofonía).
Carlos caminaba cansado por la calle caliente para dirigirse a la tienda de Don Chente, que estaba en la calle peatonal.

La aparición de la redundancia y la cacofonía en esta frase amerita que apliquemos algunas medidas correctivas. La primera acción sería sustituir una de las palabras por un sinónimo:

Carlos, ya fatigado, caminaba en el calor del mediodía hasta la tienda de Don Chente, que estaba en la calle peatonal.

Algunos autores suelen apoyarse en diccionarios de sinónimos y antónimos al ejercer su trabajo de creación literaria. Un consejo es buscar en los motores de búsqueda de internet y de ahí elegir la palabra que más se acomode.

Al igual que repetir demasiado una palabra o frase, es también un error ser demasiado rebuscado y usar diferentes sinónimos para una misma palabra. Debes tener cuidado en el uso indiscriminado de sinónimos ya que aunque dos palabras puedan ser sinónimos, no siempre significan exactamente lo mismo, además, puedes confundir a tu lector.

4.8 Narración de los hechos.
Cuando le quieres contar a un amigo algún acontecimiento que te sucedió, nunca piensas en cómo vas a contar tu historia. Automáticamente, empiezas por donde tú elegiste de antemano, inconscientemente, que la historia empieza. Tu amigo, que es el que te escucha, te interrumpe cada vez que no sigue el hilo de tu historia. A eso se le llama una conversación. Si en algún momento, tu amigo te deja de escuchar, dejas de hablar o das alguna señal oral o corporal para que te vuelva a dar su atención. Al final, tu amigo entiende toda tu historia, porque:

-Te quiso dar su atención, ya que hay una amistad de por medio.

-Hubo lenguaje corporal.

-La comunicación fue oral, tu amigo pudo interrumpirte y preguntar para aclarar dudas.

-Tú adaptaste también la historia para que tu amigo la entendiera. Quizás explicaste algunas cosas partiendo de experiencias que tu y tu amigo ya habían vivido juntos, o usaste ejemplos partiendo de cosas que ya conoces acerca de tu amigo.

Cuando estás escribiendo una novela, todo cambia. La comunicación es de una persona (tú, el autor) hacia muchas personas muy diferentes entre sí, que son prácticamente anónimas para ti, no te conocen, tú tampoco las conoces, no sabes cuáles son sus conocimientos previos o experiencias. Tampoco te pueden interrumpir para preguntarte que les expliques algo de nuevo. Estos lectores tampoco te quieren, son de hecho tus clientes, y si por cualquier motivo no les gusta tu historia, simplemente van a dejar de leerla. Y no solo eso, sino que cuando les pregunten por tu libro, dirán la verdad, o sea, la opinión de ellos. Por lo tanto, al narrar un hecho dentro de tu novela, tienes que tener cuidado y hacer un esfuerzo muy grande por relatar los hechos ocurridos de una manera muy ordenada, teniendo un enfoque total en lo que es verdaderamente importante. Utiliza un lenguaje propio del ambiente y de los personajes. También debes citar los nombres de personas, objetos o lugares de una manera específica para que ganes credibilidad. Un ejemplo es el personaje de Don Chente, que en realidad, todos sabemos que se llama Vicente, pero como el ambiente es propicio para ello, le llamamos Don Chente para que nuestra historia gane más credibilidad.

Recuerda:
Los lectores tienen muy poca misericordia, van a dejar de leer tu novela en cuanto dejen de seguir el hilo de tu historia, seas aburrido, repetitivo, o sugieras demasiadas interrogantes dentro de la historia sin dar la respuesta a ninguna.

Debes evitar:
-salirte de tema.
-saltar en la historia, empezando por un lado, y regresándote para explicar mejor un suceso.
-detallar minuciosamente cosas o acontecimientos que no son importantes para la historia.

4.9 Retos comunes y consejos prácticos.

Cansancio y limitaciones fisiológicas
Si estás muy cansado, no deberías ponerte a escribir. Simplemente vas a terminar frustrado y desmotivado. Una recomendación es hacer el esfuerzo por encontrar momentos propicios para trabajar en tu novela, adaptándolos a tu estilo de vida. A lo mejor te tienes que levantar una o dos horas más temprano que de costumbre para escribir antes de ir a trabajar o a la escuela, o te debes dormir una pequeña siesta en la tarde para poder escribir un rato por la noche. Quizá puedes trabajar solamente

durante los fines de semana. Otro aspecto a tratar es que este horario debe coincidir con tu estado de ánimo o habilidad creativa. Eres tú el que escribes, por lo tanto el trabajo se tiene que adaptar a ti, y no al revés.

Falta de inspiración

A veces tienes muchas ganas de escribir, pero simplemente no sabes qué escribir o si acaso lo sabes, se te dificulta redactarlo. Esto es muy fácil de resolver, ya que cuando esto pasa, lo único que tienes que hacer es dejar descansar la historia, y ponerte a hacer otra cosa totalmente diferente que te haga olvidar la novela.

¿Cuánto tiempo necesitamos dejar la historia? El tiempo necesario. Puede ser un día, una semana o dos meses. Este ejercicio es muy importante ya que a veces, estamos tan sumergidos en nuestra obra, que nos hacemos "ciegos" y no podemos ver errores de sintaxis o de la trama.

Ahora, ¿dónde hallamos la inspiración? Cada autor tiene su manera. Dice la leyenda que Agatha Christie, la escritora de misterio, tenia sus mejores ideas al lavar los trastes. Otros autores gustan de salir a correr, practicar algún tipo de deporte, o podar y atender las plantas del jardín.

Falta de enfoque

Existen personas que se sientan a escribir, pero luego se acuerdan de que tienen que hacer una llamada al mecánico, luego se regresan al escritorio y después se meten a checar sus redes sociales... La capacidad de enfoque es elemental en la labor de cualquier escritor, inclusive dentro del mismo contenido, no se puede empezar a narrar un suceso y luego saltar a otro suceso mientras se está narrando el primero.

Un consejo es el de estar siempre consciente de cuando se esta enfocado y cuando se pierde ese enfoque. Se trata de un ejercicio que necesita practicarse, y con la misma práctica se va perfeccionando. Escoge un lugar adecuado para escribir, uno que no te distraiga. Si es necesario, corta la conexión a internet, o apaga tu teléfono. Si no puedes trabajar en tu casa, acude a una biblioteca, u otro lugar público en el que estés a solas.

Perfeccionismo y expectativas irreales
Sucede también que los autores esperan que la novela sea un clásico, una novela parte aguas en la historia literaria, y como no logran sentir su novela así ni al primer ni al último intento, entonces abandonan su proyecto. La verdad es que la mayoría de los autores de renombre empezaron escribiendo novelas que no fueron bien recibidas en el momento del debut literario y que fueron duramente criticadas o ignoradas. Claro, existen excepciones, pero lo más probable es que tu primera obra no se convierta en un clásico de la noche a la mañana. Debes de aprender a parar cuando tu narración sea lo suficientemente buena y no ser tan perfeccionista.

Miedo
A lo mejor tienes miedo a lo que opinará la gente por lo que escribiste. Este tipo de miedo se nota mucho en las obras de mala calidad o novatas, cuando se leen excusas

o excepciones para alguna afirmación. Detecta tus miedos y véncelos.

Disciplina y persistencia

En la labor literaria es elemental ser disciplinado y persistente. No te demandes escribir un capítulo por semana, pero si deberías exigirte escribir un párrafo diario, o tener una página por semana. Algo alcanzable pero tampoco algo demasiado fácil.

Tentación de no hacer tu tarea

No desinformes. Trata a la mayor medida que puedas de investigar profundamente las diferentes temáticas que te surjan en la novela. Si tu personaje vive en una ciudad en la que tú no vives, entonces investiga algunas palabras que se dicen ahí, algunos platillos típicos del área, el nombre de la avenida principal, algo que haga creíble tu historia y que provoque un sentido de confirmación a los lectores que sí son de la ciudad en la que tu personaje vive.

Y aquí entramos en otro tema muy interesante en la literatura, y es ¿cuál es la responsabilidad ética del escritor?

Asistí a una conferencia de escritores y había un panel de escritores de novelas juveniles. Uno de los autores había escrito una novela que trataba del acoso cibernético. El personaje principal de su novela estaba siendo amenazado de que iban a publicar unas fotos comprometedoras si no pagaba una cantidad de dinero muy grande para este chico. La novela no tenía nada en la trama algo que sugiriera qué hacer en caso de estar en una situación similar. El moderador del panel le preguntó al escritor si no sentía algún tipo de responsabilidad social al escribir las novelas juveniles, a lo que el escritor respondió que no, que no sentía nada, que lo más que hacía era asegurarse de que hubiera algún trabajador social o maestro en el pasillo cuando iba a las escuelas a leer su novela.

Yo no soy de las que opino que absolutamente todas las historias deben de tener una moraleja o enseñarnos algo, pero sí pienso que la misma temática va a guiarnos al enfoque o al valor que le vamos a dar a nuestra historia. Existen muchas obras literarias cuyo único propósito fue entretenernos, y eso no tiene nada de malo, pero yo opino que si eres un escritor de novelas juveniles o infantiles, si tu trama se trata del ciberacoso, yo pienso que sí debes sentir la responsabilidad social. Lo mismo si tu novela se trata de violencia domestica, adicciones, o muchos otros temas que apliquen a esto. Hay muchos tipos de escritores y muchos tipos de historias. Lo importante es detenerse un momento y reflexionar acerca del poder que tiene la pluma. Nunca sabremos a dónde llegará nuestro libro o a quién. Así que lo único que quiero recalcar es que como autor debes ser consciente de tu influencia hacia otros.

4.10. Los errores más comunes dentro de una novela.

Cambiando radicalmente de tema, ahora entraremos en algunos aspectos técnicos que se presentan al escribir una novela. Se tratan de problemas o errores que se deben evitar.

1. Conflictos que se resuelven muy fácilmente.
Tejer conflictos y después dejar que la providencia, la buena suerte o el azar los resuelvan.
Si Carlos, el personaje de que compra en la tiendita de don Chente, se gana la lotería y acaba con todos sus problemas económicos, hubiéramos querido leer esa historia?

2. Inventar conflictos y dejar luego que uno de los personajes los resuelva por el protagonista.
Que el jefe de Carlos de repente le dé un ascenso con un aumento de sueldo, o que Carlos le haga un favor a Don Chente y que este, agradecido, le borre la deuda, tampoco es una forma interesante de contar la historia. Los lectores quieren que el protagonista enfrente y resuelva sus propios problemas.

3. El personaje principal se vuelve pasivo.
Suele suceder que cuando nos sumergimos en nuestra obra, algunos personajes secundarios suelen cobrar vida y toma demasiada relevancia en nuestra historia. A veces los personajes que son "los malos de la película" se vuelven más atractivos y nos deja de interesar nuestro pobre personaje principal que sólo quiere hacer el bien.

Cuando esto sucede, debemos regresar y ver desde qué parte nuestro personaje dejó de ser relevante, y volverle a dar fuerza, o, podemos reestructurar toda la historia para que nuestro personaje secundario sea el personaje principal. A lo mejor a la historia se le saca más jugo desde la perspectiva de éste.

4. No planear el clímax desde el principio.

Una cosa es planear la novela, tener un esquema general del relato, pero tampoco es necesario atarse rígidamente a eso. Podemos planear que el clímax va a ser que los chicos de la historia se den un beso, pero no tenemos que planear cómo va a suceder ese beso desde el principio.

5. Creer que la fuerza del relato radica en la información que se retiene.

No debemos caer en la ficción avara. Si resultara que Don Chente es el verdadero padre de Carlos y tu y alguno de tus personajes lo supieran, y además cuentas la historia desde la perspectiva de uno de ellos, y te guardas un detalle tan importante, no estarías respetando el pacto de lector-escritor, le estarías haciendo una jugarreta a tu lector.

La verdadera intriga viene con un dilema moral interior y la valentía de tomar decisiones informadas y actuar en consecuencia.

4.11 Escribiendo el desenlace de tu novela.

Resumiendo, casi toda buena novela tiene una fórmula básica, que es la siguiente: Un personaje principal que quiere algo, lo persigue a pesar de la oposición que enfrenta. Por último, el personaje principal gana, pierde o se inhibe.

Al escribir tu novela, tu personaje principal gana, pierde o se inhibe? ¿Cómo? ¿Por qué?

4.12 Tipos de finales.

El final es un elemento clave de tu novela. Debe de dar sentido a todo lo que ocurrió anteriormente y cumplir con las expectativas creadas. Seguro has leído muchas historias que fueron muy bien contadas pero el final no te convenció. A lo mejor era demasiado inconcluso, demasiado cerrado, o demasiado rosa, en el que todos los problemas fueron resueltos.

Mi opinión muy particular de lo que es un final bueno es ese que aunque solucione el problema principal, deje un poco de intriga o que algunas cuestiones secundarias se queden sin resolver.

Existen muchos tipos de finales, entre los cuales se encuentran:

Cerrado:
Se resuelven todas las tramas, incluso conocemos un poco del futuro que les depara a los personajes.

Abierto:
La trama queda sin resolver y el lector se tiene que imaginar cómo se va a solucionar las situaciones creadas.

Cerrado/abierto:
Se resuelve la trama principal, pero el lector se debe imaginar qué es lo que va a pasar después de eso, o se debe imaginar cómo se llegó ahí. Seguimos el ejemplo de Carlos el pobretón: Carlos va a mejorar su situación económica y al último le va a pagar a Don Chente su deuda,

pero, al tener la oportunidad de empezar desde cero, ¿volverá a las andadas del despilfarre o se sabrá administrar?

Feliz:
los protagonistas consiguen sus objetivos y los antagonistas son derrotados.

Triste:
el protagonista no consigue sus objetivos. Es un final pesimista en el que no se resuelven los problemas, o se intenta resolverlos pero no se logra.

Trágico:
No sólo se fracasa en el intento de conseguir los objetivos, sino que se empeora la situación. Carlos se pone a estudiar, le dan un ascenso y gana mas dinero, pero sus gastos compulsivos empeoran, ya que se pone a gastar aún más. Deprimido y sin esperanza alguna, con muchos acreedores a sus espaldas, se suicida.

Esperanzador:
aunque el autor no explique de forma explicita la resolución de la historia, da entender, a través de una serie de pistas que el problema se solucionará en el futuro.

Sorpresa:
el conflicto se resuelve, pero no de una manera que el lector espera. Hay un giro inesperado al final que cambia el sentido de la historia.

Natural:

Al contrario del final sorpresa, el final natural es el que cabria esperar dados los acontecimientos. Es un final lógico. Carlos empieza en un grupo de terapia, estudia, logra un ascenso, ahorra duramente y paga sus deudas.

Moral:

El comportamiento de los personajes transmite un valor ético, una moraleja, e incita a la reflexión.

Emotivo:

Trata de desarrollar un final que provoca emociones diversas en el lector.

Circular:

Una relación en la que se guarda relación del principio con el final. Una historia que empieza con el final y termina justo antes del final. O ya sea que comience y termine con la misma frase o el mismo lugar.

Cliffhanger:

Que proviene del inglés y significa colgar del abismo, es un tipo de final que concluye en la mitad de algo, una escena inacabada.

Cómico:

Que la trama termine con algo gracioso o con humor que tu lector sólo comprenderá al haber leído toda la historia. Es un final placentero porque ya habrán desarrollado tu y tu lector un chiste íntimo y los lectores aprecian eso.

Definitivo:
Final en el que el protagonista muere.

Reflexivo:
Final en el que el lector se queda reflexionando acerca de la novela, aplica muy bien a las novelas cuya trama hizo que los lectores se identificaran mucho con ella, entonces reflexionan cómo los protagonistas solucionaron sus problemas y a lo mejor el lector puede aplicar algunas de esas soluciones a su propia vida.

No es mi intención al presentar esta lista de finales suponer que no existen más tipos de finales, pero a mi parecer son estos los más representativos.

Antes de escribir tu novela ya deberás tener en mente cuál de estos finales tendrá tu novela, y repito, no tienes que tener todos los detalles listos, pero definitivamente debes saber a dónde te diriges en tu historia.

5. El arte de titular

Ahora sigue lo que a mi parecer es lo más difícil. Titular tu obra.

En la novela *Vivir para contarla*, García Márquez nos cuenta que al escribir La Hojarasca, no podía encontrar un título para su obra, entonces decidió escribir un prólogo para su novela, y en las propias palabras del autor el tjitulo "La Hojarasca" le saltó a la cara, ya que se acordó de que su abuela le llamaba así a la empresa de frutas que estaba en el pueblo.

Hay novelas con títulos buenísimos, libros mal bautizados, con títulos secos y aburridos, títulos divertidos, títulos que van al grano, títulos que no tienen nada que ver con la historia, títulos largos y cortos... En fin, hay de todo en la viña del Señor.

Lo importante al escoger un título para tu novela, es que el título:
-Atrape al lector, despierte su curiosidad.
-Dé algún tipo de información. Que sugiera o informe algo del contenido, género, o de qué se trata la novela.
-Que sea una frase o enunciado con belleza poética o una imagen clara.

5.1 Tipos de títulos
Los títulos también siguen modas. Hubo un tiempo en el que muchos libros, películas y obras de teatro tenían una fórmula con el como:

-Cómo mojar una galleta. La ciencia en la vida cotidiana. (Mondadori)
-Cómo me convertí en un estúpido (Tusquets/ La campana)

Otros títulos contienen una sola palabra, o una sola palabra con el artículo correspondiente:
Aura (Carlos Fuentes)
Ulises (James Joyce)
Las horas (Michael Cunningham)

El principito (Antoine de Saint-Exupéry)
La broma (Milán Kundera)

Mientras que otros títulos son largos:
El coronel no tiene quién le escriba (García Márquez)
El amor en los tiempos de cólera (García Márquez)
El abuelo que saltó por la ventana y se largó (Jonas Jonasson)
La chica que soñaba con una cerilla y un bidón de gasolina (Stieg Larsson)

Existen títulos que se inspiran en algún pasaje de la propia novela:

-Como agua para chocolate (Laura Esquivel)
-El matrimonio de los peces rojos (Guadalupe Nettel)

También se usa el recurso de la contradicción o el misterio a la hora de titular:
-El monje que vendió su Ferrari (Robin Sharma)
-La piel fría (Albert Sánchez Piñol)

Otras novelas tienen personajes tan fuertes, que lo mejor es titularlos como ellos.
-Julie & Julia (Columbia Pictures)
-Romeo y Julieta (Shakespeare)
-Pedro Páramo (Juan Rulfo)
-Ana Karenina (Leo Tolstoi)
-Robinson Crusoe (Daniel Defoe)

Otras novelas tienen títulos que riman:

-Marcelino Pan y Vino (José María Sánchez Silva)
-El Fantasma Cataplasma (Javier Sebastián Luengo)
-Fray Perico y su borrico (Juan Muñoz Martín)

Hay títulos que sugieren el género de la novela:
-Mi familia y otros animales (comedia, Gerard Durrell)
-La importancia de llamarse Ernesto (sátira, comedia, Oscar Wilde)
-Un cadáver en la biblioteca (misterio, Agatha Christie)

5.2 Cómo elegir un título para tu novela

A lo mejor fuiste lo suficientemente afortunado como para saber el nombre de tu novela desde el principio, a lo mejor escribiste toda la novela basado en ese primer titulo que vino a tu mente, pero si eres como la mayoría, que nada se te da gratis y sin haber luchado por ello, aquí te proporciono algunas fórmulas para hallar un título adecuado para tu obra:

Puedes usar algunas fórmulas clásicas:
1. La fórmula de sustantivo +DE + sustantivo es una que a las casas editoriales y al público en general les suele gustar. Castillo de hielo, Juego de Tronos, Bodas de sangre... Busca dos sustantivos que sean decisivos en tu historia o que la describan.

2. Personaje y descripción del personaje (más interesante si hay contradicción)
-Cuentos de Maria la Gorda (Isabel San Sebastián)
-El detective distraído (Mark Twain)

3. Contrastes o contradicciones
Tengo ganas de morirme para ver que cara pongo (Miguel Albandoz)
Cuando el rojo es negro (Qiu Xiaolong)
La luz que no puedes ver (Anthony Doerr)

4. Títulos prefabricados: estos son títulos prestados del lenguaje popular o de otras obras previamente publicadas:
Mi lucha (Karl Ove Knausgård)
Vivir para contarla (García Márquez)

TERCERA PARTE

6. La edición
6.1 Editando tu propia novela

Antes que nada, quisiera felicitarte si es que ya has escrito tu novela y has llegado hasta este punto. El llegar al final de tu novela, y estar satisfecho con la historia y cómo se contó es un logro muy grande que proporciona mucha satisfacción personal.

Ahora es el momento de quitarte el sombrero de autor y ponerte el de editor por un momento. En este punto es cuando vas a sacar de tu novela los párrafos sobrantes. Es un trabajo doloroso porque sólo tú sabes cuánto te costó escribirlos, y sacarlos de tu historia es difícil.

Aún así, debemos tener en cuenta que nuestra mayor lealtad se la debemos a la historia y a los lectores que la van a leer, así que si eso significa sacrificar algunos pasajes de tu novela, sean cortos o largos, vas a servir a una causa mas noble, que es el enaltecimiento de tu historia. Un escritor verdaderamente profesional no tiene clemencia con su novela. La ama y sabe que su lealtad es hacia ella, aunque eso signifique reestructurarla y dejarla casi irreconocible.

El primer paso es leer a vuelo de pájaro tu novela diez veces o las veces que sean necesarias, teniendo la actitud de un editor cruel que corta y saca todo lo que sea repetitivo, sobrante o aburrido. Aquí en este punto puedes aprovechar para corregir algunas faltas de ortografía o de sintaxis. Pero no te detengas mucho en eso. Lo más importante en este punto es de tener tu historia exactamente como la quieres.

Muéstrala

Muestra tu obra a personas de tu confianza. Pídeles que sean honestos al juzgar tu obra. Los comentarios que recibas tendrás que clasificarlos en:

-Comentarios negativos o cargados de envidia: desecharlos.

-Comentarios demasiado positivos, tratando de quedar bien contigo, o deshonestos: desecharlos.

-Comentarios positivos y honestos: Quedártelos y gozarlos.

-Comentarios verdaderamente constructivos: Analizarlos y tomar una decisión respecto a ellos. ¿Vas a cambiar la novela para adaptarte al comentario que recibiste, o te vas a quedar firme en tu idea? Esa será una decisión que tú, sin ayuda de nadie, tendrás que hacer.

Cuando escribí mi novela"Nuestras fronteras" recibí algunos comentarios de que mi novela era demasiado oscura y deprimente. Demasiado triste. Y decidí no cambiar nada, porque mi personaje estaba pasando por una desdicha amorosa. Casi todos hemos pasado por eso, y a lo mejor ahora que ya superamos esa pérdida, pensamos que no era el fin del mundo, pero cuando estábamos justo en medio de esa situación, sí lo era. Para mi personaje sí era el fin del mundo, no imaginaba su vida sin su pareja, en mi novela estaba contando cómo se sintió. Así que decidí desechar ese comentario y no cambiar nada.
Todo esto nos nos lleva a concluir que cada lector va a

nterpretar tu obra según su propia manera de ver las cosas, y eso está bien.

6.2 Revisión ortográfica y de sintaxis

Una vez que ya tengas la novela exactamente como la quieres tener, que es clara, que no ha revuelto voces gramaticales, que es concisa, y sobre todo, interesante, es hora de revisar la ortografía. Un método que intenté alguna vez fue solucionar el mismo tipo de error por toda la novela, por ejemplo, tendía a escribir FUE con acento en la E, y después descubrí que no lleva. Así que me fui toda la novela quitando el acento en la E, pero luego perdí control de la novela, dejando muchos errores por el camino. Lo mejor (pero obvio, más lento) es irse de hoja por hoja y dejar perfecto cada párrafo. Como dije, será un trabajo lento, pero lo conveniente es que sabrás exactamente en donde te quedaste y sabrás que todo lo que has corregido ya está perfecto.

Una herramienta excelente para corregir tu novela es la página de la Real Academia Española (rae.es), y además puedes buscar foros o grupos de Facebook en el que los miembros te den consejos de redacción. Otra opción, sería la de contratar los servicios profesionales de casas editoriales o personas que se dediquen a la corrección gramatical y de estilo.

Si decides hacer la corrección tú mismo, deja descansar la historia y revisala una vez cada cierto tiempo, cada semana, por ejemplo, y después de algunas semanas o unos pocos meses, tendrás tu novela completamente terminada.

Otra cosa, tampoco seas demasiado perfeccionista, usando la edición como una excusa para postergar la publicación de tu obra. A veces es difícil mostrarse al mundo como un escritor, habrá mucha gente que criticará lo que haces, pero sé valiente y ten una actitud positiva, sé orgulloso de tu trabajo y no tengas temor del fracaso, el que dirán o la crítica.

6.3 Publicación

Una vez que tienes tu novela o tu historia lista para ser publicada, tienes que tomar una decisión respecto al modo que la vas a publicar:

Uno, ¿usarás la autopublicación? Los beneficios de este modo es que tú controlas tu obra todo el tiempo, tú decides la portada, tu decides exactamente las palabras de la novela. También te ahorras tiempo en andar mandando cartas a todas las editoriales y esperar que te respondan, si es que lo hacen. El lado negativo es que sin el apoyo de una editorial, tampoco vas a tener el respaldo económico o de mercadeo de esta. La editorial se dedica a vender, va a organizar eventos, ya tiene convenios trabajados con distribuidoras, te va a dar a conocer y por supuesto te va a pagar por tu obra según el contrato lo especifique. Sin una editorial a bordo en tu proyecto, tú tendrás que hacer todo el trabajo.

Dos. ¿Publicarás por medio de una editorial? Los beneficios es que tú nomás te dedicas a asistir a los eventos que tengan para ti, a cobrar regalías y firmar libros. Lo malo es que es muy difícil que alguien quiera publicarte. Y no sólo a ti, a cualquiera. En estos tiempos digitales, a muchas editoriales les interesa publicar sólo a gente ya "famosa" que tiene alguna audiencia establecida, ya sea en redes sociales o medios masivos, ya sean digitales o tradicionales. Si decidieras publicar por medio de editorial, prepárate para usar mucho tiempo escribiendo cartas de presentación, mandando tu manuscrito a editoriales, algunas lo aceptan por correo electrónico, pero muchas quieren el manuscrito ya impreso y enviado por paquetería o correo, lo que implica un costo para ti. Si tuvieras la oportunidad de ser publicado, todavía tendrías que esperar varios meses para que el equipo de redacción revise tu obra, te dé comentarios, a veces querrán quitar algunas partes, o hacer que escribas otras, ellos van a decidir la portada de tu obra con la estética que caracteriza la editorial, y si tu obra se vende mal, igualmente te van a pagar muy poco. Y si vendieras muy bien y tu obra fuera un éxito de librería, la editorial se quedaría con mucho dinero. En mi opinión, de las dos maneras se tiene un mal sabor de boca al final. Pero esa es mi opinión muy personal. Algo muy positivo de publicar con una editorial, es que hace tu obra legitima y te da ese profesionalismo y reconocimiento que no obtendrias al publicar por ti mismo. Si el reconocimiento de la industria, o las ganancias económicas son muy importantes para ti, este es definitivamente el camino a seguir.

Antes de empezar a enviar tu manuscrito a todas las editoriales, es mejor hacer tu tarea.

Infórmate acerca de la editorial a la que vas a enviar tu manuscrito. Si una editorial se dedica a publicar solamente clásicos de la literatura, obviamente no puedes enviar tu manuscrito ahí. También hay otras editoriales que solamente publican textos académicos, o novelas extranjeras... los tipos y los géneros varían. Y eso no lo dicen explícitamente. Entonces por eso debes visitar la página de internet e informarte del género editorial. Cuando encuentres una editorial que se acomode a tu novela, entonces puedes avanzar al siguiente paso, y es averiguar si aceptan manuscritos no solicitados, y si lo hacen, qué es lo que tienes que hacer para que los reciban.

Si te decidieras por la autopublicación, tendrás mucho, pero mucho trabajo por delante. Primero que todo, deberás decidir si quieres pagar a alguna editorial a que haga ese trabajo. Existen empresas que hacen todo el trabajo, la edición, la maquetación, la portada y la publicación, todo esto a diferentes precios.

También recuerda que tienes que darte de alta en Hacienda y hacer todos los papeleos pertinentes para pagar impuestos en tu país, para así poder hacer facturas y cobrar. También tienes que conseguir el número ISBN y dar tu obra de alta para los derechos de autor o registrarla. Cada país tiene sus propias normas. Si no cuentas con tanto dinero o tiempo para investigar quién te da más valor por tu dinero, puedes hacerlo tú mismo si es que cuentas con la motivación para ello. No es imposible, y el dinero que pagas a alguien a que te prepare el archivo y la portada lo puedes usar para imprimir tu libro.

Smashwords.com es un sitio en el que ellos te proveen de un machete en .word y tú lo formateas y lo subes, también lo puedes publicar por ahí como un libro digital. Todo es gratis. A partir de que empieces a vender, obviamente el sitio va a cobrar regalías.

Lo negativo es que si no dominas el idioma inglés, sería muy difícil usar esta plataforma. Pero lo positivo es que en esa plataforma existen libros en muchos idiomas, aunque el mercado meta es definitivamente el americano. Una opción a considerar.

Amazon ofrece publicar tu libro digitalmente y en tapa blanda. También es gratuito usar sus servicios, y cobran regalías a partir de que empieces a vender libros. Aunque es una plataforma abierta y cuentan con muchos foros de ayuda, es un poco complicado preparar el archivo, a menos que ya cuentes con conocimientos en Adobe Photoshop o InDesign entonces será solamente laborioso.

Lo bueno de Amazon es que puedes publicar e imprimir ahí, aparte que te dará una exposición global. Lo malo es que eso no ayuda para nada con las ventas. El trabajo de ventas lo tendrás que hacer tú, organizando eventos, leyendo tu libro en bares o bibliotecas o librerías, asistiendo a ferias. También debes ir a tocar puertas en todos lados, cada quién tiene sus políticas de compra, algunos te van a permitir que dejes algunos libros ahí, otros te van a pedir un ejemplar gratis y luego van a darte un fallo si aceptan tu libro o no en su librería. Las bibliotecas también se comportan así.

Existen muchas otras plataformas, tiendas digitales y canales de venta para tu libro, por ejemplo Bubok México y casadel libro.com en España. Investiga y escoge el camino que más se ajuste a ti.

7. Cómo vender tu novela. Consejos prácticos.

1. Publica en tus redes sociales.

2. Elabora un book-trailer en YouTube.

3. Pídele a los que han comprado tu libro que te envíen fotos de tu libro en diferentes escenarios y publicalo en Instagram.

4. Hazte cuentas de autor en Goodreads y en Amazon.

5. Escribe un comunicado de prensa y envíalo a medios de comunicación tradicionales, de preferencia con un ejemplar de cortesía. Consigue entrevistas en periódicos, revistas, radio y televisión.

6. Organiza una presentación con algún grupo afín.

7. Organiza un concurso en tus redes sociales y regala un ejemplar al que gane. Ya sea que compartan tu página, que den "Me gusta" o que respondan a alguna pregunta.

8. Publica algunos extractos de tu libro en tus redes sociales junto con alguna foto relevante.

9. Contacta las bibliotecas escolares si es que tu contenido es apropiado para esa audiencia.

10. Contacta la biblioteca pública y pregunta cómo te pueden ayudar.

11. Consigue alguien que reseñe tu libro. Búscalos en Instagram. Y no mandes correos a cualquiera, también existen varios tipos, los que leen sólo libros de misterio, o románticos…

12. Contacta organizaciones de caridad afines a tu libro, y organiza una venta en la que por cada libro vendido donarás una parte a esa organización.

13. Trabaja en otras versiones de tu libro, puedes hacer un audiolibro, o traducirlo a otro idioma, o imprimirlo

en letra grande, para así llegar a mas clientes. No a todos les gusta leer, pero a lo mejor con un audiolibro llegas a más personas. Y con letra grande puedes llegar a las personas que tienen ya la vista cansada. Que son muchos.

14. Participa en ferias del libro, o ferias acordes al contenido de tu libro.

15. Visita librerías en tu ciudad y empieza a contactar con los vendedores.

8. Conclusión

¿Qué es lo que distingue una novela bien escrita, hermosa, que te enchine la piel? Si nos ponemos a pensar, habrá muy pocos libros que realmente nos hayan dejado sensación.

Podríamos comparar una buena novela a una persona muy atractiva, alguien de quien nos podríamos enamorar. Para poder percibir a esa persona, primero tenemos que interactuar con ella. Nadie puede decir con certeza qué es lo que hace a una persona bella. Simplemente es. Y nosotros simplemente lo opinamos así. Lo mismo con una novela. Me imagino a una buena novela en la vida de un lector como un encuentro mágico en el que el lector necesitaba de cierta manera el mensaje de ese libro.

Escribir es una tarea hermosa, y si haz llegado hasta aquí, deberás formarte tu propia definición del arte de escribir. ¿Lo harás para ganar dinero? ¿O lo harás para complacerte a ti mismo y a tus lectores? ¿Las dos cosas?

Es aquí donde los caminos se parten. Algunos escritores

deciden irse por el lado comercial, pero con el paso de los años tienen que escribir cosas "que venden" y terminan escribiendo acerca de cosas que no les interesan demasiado o que ya dejaron de interesarles. Un ejemplo de esto son los escritores de misterio, que a lo mejor ya están hartos del misterio y quisieran explorar otro género, pero ya están encasillados por su público en que son escritores de misterio, y entonces básicamente se tienen que quedar ahí.

Otros escritores opinan que no quieren usar su valioso tiempo haciendo labores de mercadotecnia y que ese tiempo lo prefieren usar escribiendo más, algo que es muy válido, el problema es que van a tener que pasar muchos años para que empiecen a ser conocidos y consolidarse en la industria. También es muy posible que tendrán que dedicarse a otro oficio o profesión para poder mantenerse, y escribir durante sus tiempos libres. Esto es algo que muchos escritores han hecho. Algunos son profesores, otros periodistas, correctores de estilo, secretarias, vendedores, jefes de recursos humanos… hasta carteros. Hay de todo.

Y otros escritores deciden poner un punto final a su carrera. Se sienten muy satisfechos por haber podido publicar un libro, aunque no se venda mucho en el presente, pero están satisfechos de poder decir que han escrito un libro y que está publicado. No cualquiera puede decir eso.

La verdad es que todos los que nos podemos dedicar a escribir, ya sea de manera remunerada o no remunerada, somos muy afortunados. La escritura creativa es un regalo para todos nosotros, ya seamos lectores o autores. Imagina, que fortuna tan grande poder transmitir tus ideas a cualquiera que quiera leerlas, o leer las ideas de otros, poder entrar en otras mentes, otros espacios, otros tiempos, otros países... es como viajar sin dejar tu silla. Es adictivo y es simplemente un milagro. La única diferencia es que no se le puede llamar milagro porque sucede todo el tiempo y está disponible para todos.

Es una milagrutina.
O sea, un milagro que es rutina.

REFERENCIAS (Por orden alfabético)

Albandoz, Miguel (2010) *Tengo ganas de morirme para ver que cara pongo*

Avalos, Guadalupe, (2018) *Nuestras fronteras*

Christie, Agatha (1942) *Un cadáver en la biblioteca*

Cunningham, Michael (1998) *Las horas*

Defoe, Daniel (1719) *Robinson Crusoe*

Doerr, Anthiny (2014) *La luz que no puedes ver*

Dostoievski, Fedor(1862) *Memorias de la casa muerta*

Durrell, Gerard, (1956) *Mi familia y otros animales*

Egri, Lajos (1946) *The art of dramatic writing*

Esquivel, Laura (1989) *Como Agua para Chocolate*

Falcones, Ildefonso (2006) *La Catedral del Mar*

Fisher, Len (2003) *Cómo mojar una galleta. La ciencia en la vida cotidiana.*

Fuentes, Carlos, (1962) *Aura*

García Márquez, Gabriel (1961) *El coronel no tiene quién le escriba*

García Márquez, Gabriel (1985) *El amor en tiempos de cólera*

García Márquez, Gabriel (2002) *Vivir para contarla*

Huxley, Aldous (1932) *Un mundo feliz*

Jonasson, Jonas (2009) *El abuelo que saltó por la ventana y se largó*

Joyce, James (1922) *Ulises*

Knausgård, Karl Ove (2009) *Mi lucha*

Kundera, Milan (1967) *La broma*

Kundera, Milan (1984) *La insoportable levedad del ser*

Larsson, Stieg (2006) *La chica que soñaba con una cerilla y un bidón de gasolina*

Larsson, Stieg (2005) *Los hombres que no amaban a las mujeres*

Lewis, C.S. (1950-1956) *Las crónicas de Narnia*

Luengo, Javier Sebastián (1992) *El Fantasma Cataplasma*

Muñoz Martín, Juan (1980) *Fray Perico y su borrico*

Nettel, Guadalupe (2013) *El matrimonio de los peces rojos*

Page, Martin (2002) *Cómo me convertí en un estúpido*

Poe, Edgar Allan (Antología, clásicos) *Cuentos completos*

Rulfo, Juan (1955) *Pedro Páramo*

San Sebastián, Isabel (2005) *Cuentos de Maria la Gorda*

Saint-Exupéry, Antoine de (1943) *El principito*

Sánchez Piñol, Albert (2002) *La piel fría*

Sánchez Silva, José María (1953)*Marcelino Pan y Vino*

Shakespeare, William (1957) *Romeo y Julieta*

Sharma, Robin (1996) *El monje que vendió su Ferrari*

Tolstoi, Leo (1877) *Ana Karenina*

Twain, Mark (1964) *El detective distraído*

Wilde, Oscar (1895) *La importancia de llamarse Ernesto*

Xiaolong, Qiu (2004) *Cuando el rojo es negro*

¿Dudas? ¿Comentarios? ¿Quieres ordenar más copias?
Escribe a nordlyspublicaciones@gmail.com.

Síguenos en Instagram:
@nordlys_publicaciones

Síguenos en Facebook:
Nordlys Publicaciones

Acerca de la autora:
Guadalupe Avalos (Ciudad Juárez, 1981) estudió Licen-
ciatura en Ciencias de la Comunicación en la Universi-
dad Autónoma de Chihuahua y además cuenta con un
posgrado en Pedagogía Aplicada por parte de Western
Norway University of Applied Sciences.

Otras obras de la autora:
"Nuestras fronteras" 2018.

Made in the USA
Monee, IL
06 May 2023

33197293R00059